André Brie

Die Wahrheit lügt in der Mitte
Am Anfang war das letzte Wort

André Brie

Die Wahrheit lügt in der Mitte

Am Anfang war das letzte Wort

Aphorismen

Eulenspiegel Verlag
Berlin

Illustrationen von Cleo-Petra Kurze

ISBN 3-359-00237-7

1. Auflage dieser Ausgabe

Lizenz-Nr.: 540/18/88 · LSV 7005
Einbandentwurf: Cleo-Petra Kurze
Printed in the German Democratic Republic
Gesamtherstellung:
Grafischer Großbetrieb Völkerfreundschaft Dresden
620 950 4

00800

Die Wahrheit lügt in der Mitte

Ein' feste Burg ist unser Spott

Ich bin Atheist, Gott sei Dank.

Soziale Herkunft?
Meine Vorfahren waren Urmenschen.

Spätestens mit Marx ist der linke Weg
der rechte.

Wenn einer seine Meinung sagt,
dann kann er was erzählen.

Man muß auch schweigen können,
wer aber sagt – verschweigen?

Der Sand im Getriebe unserer Zeit ist
jener, den wir uns in die Augen streuen.

Aneinandergereihte Phrasen ergeben noch keine Linie.

Das Porträt Che Guevaras auf dem T-Shirt ersetzt manchem das eigene Gesicht.

Die meisten Menschen fangen viel zu früh an, die wichtigen Dinge im Leben zu spät zu beginnen.

Wo ein Wille ist, ist auch ein Holzweg.

Wo ein Wille ist, ist noch lange kein Dienstweg.

Wer Potemkinsche Dörfer baut,
sollte nicht auf den Putz hauen.

Die Schlacht von Waterloo haben
Tausende nicht überlebt, aber nur einem
rechnet man sie als Niederlage an.

Wer keinen Mut hat, seine Schwächen
zu bekennen, wird auch keine Furcht
haben, seine Stärke zu mißbrauchen.

Auch die Vergeßlichsten vergessen
kaum die Vergeßlichkeit anderer.

Wenn Bewegung in die Zeit kommt,
verliert der Spießer seinen Standpunkt.

Ihr habt recht. Ich kann manches
besser als ihr. Also bitte, schmeichelt mir
nicht. Auch das kann ich besser als ihr.

Wenn eine Liebe erkaltet,
verbrennt ein Stück Mensch.

Ich habe Angst, daß jene, die ich verachte, mich bewundern könnten.

Eine Ware wird ausnahmslos über ihren Wert gehandelt – Menschen, die sich kaufen lassen.

Er nahm sein Schicksal in seine zwei linken Hände.

Man muß sich nicht jede Jacke anziehen, die in den Wind gehängt wurde.

Es gibt keinen Grund zum Pessimismus –
außer, man hört manche Optimisten
argumentieren.

Wo einer große Töne spuckt,
sind immer Speichellecker zu finden.

Immer wenn wir etwas verschweigen,
verstummt in uns etwas für immer.

Wohl der törichste Glaube:
er glaubte zu zweifeln.

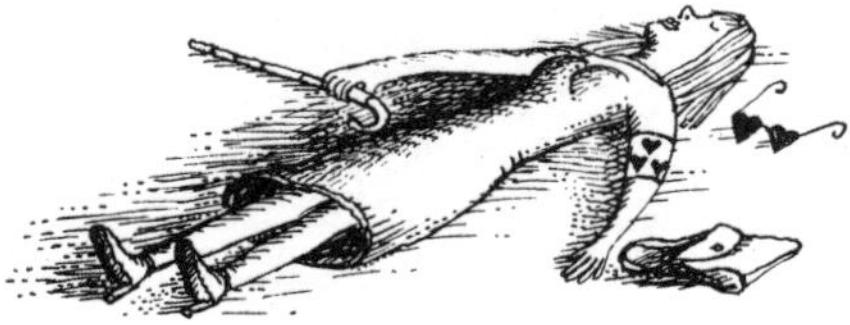

Die Liebe macht uns mächtig,
aber machtlos über uns selbst.

Wer sich die Ohren zuhält, kann den Schwätzern nicht den Mund stopfen.

Bequemlichkeit beginnt und endet in Gedankenlosigkeit.

Notlügen sind Seitensprünge der Wahrheit.

Das Rückgrat zu wahren kann manchmal kreuzgefährlich sein.

Ideen sind wie Fliegen. Man kann sie fangen, aber auch dabei töten.

Der Mensch stammt vom Affen ab,
der Schweinehund in ihm aber vom
Menschen.

Seht euch vor: Jene, die allzugern
einen Streit vom Zaun brechen,
sind dabei am liebsten Zaungast.

Die schlimmste Körperverletzung
wird nicht verfolgt: das Brechen
eines Rückgrats.

Wer im Glashaus sitzt,
sollte es endlich zerschmeißen.

Warum nicht Perlen vor die Säue werfen,
wenn sie darauf ausrutschen …

Man zog ihn ins Vertrauen.
Nun sitzt er darin gefangen.

Die Kriecher haben ein großes Problem – das Dienern.

Ich fürchte, es wird nie Vollkommenheit geben, außer in der Apologetik.

Beim Lernen aus Fehlern werden die schlimmsten Fehler gemacht.

Wem ein Licht aufgeht,
der sollte keine Energie sparen.

Kein Diktator hat sich jemals Asche aufs Haupt gestreut, es sei denn die Asche seiner Opfer.

Wenn manche klugen Menschen mit ihrem Wissen nicht allzu bescheiden wären, wäre das Wissen dummer Menschen vielleicht nicht so bescheiden.

Feigheit vor dem Feind verursacht weniger Niederlagen als Feigheit vor dem Freund.

Wem du ein Licht aufstecken willst, den solltest du nicht blenden.

Vieles, was wir leichtnehmen, wird uns leicht genommen.

Der Zug der Zeit ist voller blinder Passagiere. Sie haben ein scharfes Auge auf die besten Plätze.

Strohköpfe sind immer schnell Feuer
und Flamme.

Manchmal wird Pegasus von einem
Paragraphenreiter geritten.

»Früher war alles viel besser ...«
Sogar die Vergangenheit.

Erst war die Henne, dann das Ei –
des Kolumbus.

Arrogante Menschen sind nicht stumm,
nur ihre innere Stimme ist es.

Mäßigkeit ist vieler Laster Anfang.

Wir werden älter. Nur unsere Ideale
bleiben jung. Sie wachsen nicht einmal
aus den Kinderschuhen.

Daß die Augen vor einem Problem verschlossen werden, ist eines der ernstesten Probleme, vor dem die Augen verschlossen werden.

Seine Grenzen zu erkennen ist Voraussetzung dafür, sie zu erweitern.

Die Zeit ist wie ein Chirurg – sie verletzt, um zu heilen.

Dem Dogmatiker wird selbst der Atheismus zur Religion.

Langmut? Das ist kein Mut, sondern Tollkühnheit.

Der Wald ist die Lunge der Stadt. Nun macht man auch noch den Verdauungstrakt aus ihm.

Manchmal gibt es einen großen Bahnhof
für einen blinden Passagier.

Verräter: Den Genossen verriet er
seine Erfahrungen nicht.

Gelegentlich ist ein Mensch verletzt,
weil er nicht angegriffen wird.

Mit Fersengeld kann man keine Schuld
abzahlen.

Er legte den Finger auf die Wunden,
doch vorher schützte er ihn mit einem
Fingerhut.

Auch die Erziehung der Erzieher kennt
das Problem der Schwererziehbarkeit.

Frei sein kann nur einer,
der an die Menschen gefesselt ist.

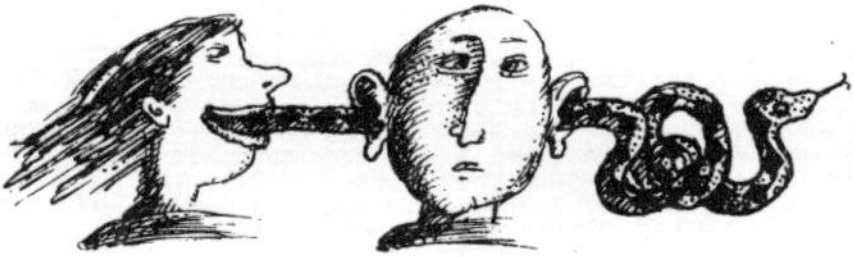

Einem, der geradeheraus ist,
wird vieles krummgenommen.

Wenn man jemandem unentwegt einheizt,
wird ihn bald vieles kaltlassen.

Enttäuschung schmerzt am meisten,
wenn sie vorhersehbar war, denn dann
hatte man sich selbst getäuscht.

Wieviel Erde braucht der Mensch?
Die ganze.

Die Bürokratie sorgt dafür,
daß wir uns verzetteln.

Auf Sitzungen bekommt man eher einen breiten Hintern als ein breites Rückgrat.

Viele Wege führen nach Canossa.

Die Löcher, die gerissen werden,
um andere zu stopfen, sollten
wenigstens Schlüssellöcher sein.

Nur Beschränktheit fällt nie aus dem
Rahmen.

Wer auf die Knie fällt, muß auf den
Kopf gefallen sein.

Wer ein dickes Fell hat,
fährt nicht aus der Haut.

Er blieb den Problemen
hautnah verbunden,
denn er blieb auf dem Teppich,
unter den er sie kehrte.

Er hielt immer zur Stange –
zu jener, an der die Fahne wehte,
die er in den Wind hängte.

Bleibt auf dem Boden, fordern jene,
die längst am Boden sind.

Manch einer vermeinte,
Land zu sehen,
und sah doch nur seinen eigenen
Horizont.

Ohne Phantasie lassen sich Realitäten
nicht begreifen.

Gewiß, Gedanken sind zollfrei,
aber sie selbst fordern ihren Tribut.

Erfolg verleiht Flügel,
doch er macht keine Engel.

Seine Selbstsucht war so groß,
daß er nie zu sich selbst fand.

Wer dem Volk aufs Maul sieht,
sollte darauf achten,
ob es einen Maulkorb trägt.

Wenn man anfängt, die Augen vor den
Tatsachen zu verschließen, beginnen
die Tatsachen, einem die Augen
zu verschließen.

Am liebsten kokettieren Frauen
mit ihrer Koketterie.

Auch bei Laufpässen kommen Fälschungen vor.

Tatsachen sprechen eine deutliche Fremdsprache.

Die Zeit steht niemals still, sie vergeht nur still.

Natürlich muß man mit dem Kopf durch die Wand! Nicht kopflos.

Eingefahrene Gleise sind ausgefahrene Gleise.

Nur Beispielloses kann Beispiel werden.

Immer wieder hat man Angst vor der eigenen Courage statt um sie.

Man muß auch dann auf der Höhe der Zeit sein, wenn sie es nicht ist.

Am liebsten schließt man die Augen vor der eigenen Blindheit.

Sein Standpunkt war unerschütterlich. Er hatte Wurzeln geschlagen.

Manche historische Persönlichkeit erscheint nur deshalb als groß, weil sie um den Kopf kürzer gemacht wurde.

Wenn die Eiferer mit auf die Barrikade gehen, bietet sie keinen Schutz mehr.

Eitelkeit macht jeden Spiegel blind.

In jedem Kampf gibt es Vorgeplänkel,
einen kurzen Entscheidungskampf
und lange Gefechte der Nachhut,
die ihren Anteil am Sieg
rechtfertigen will.

Ein Schmeichler wird nur rot,
wenn er Farbe bekennen soll.

Ob die Henne oder das Ei zuerst war?
Zuerst waren die ungelegten Eier.

Wahrheiten können angenehm,
aber auch unangenehm sein,
nie aber unannehmbar.

Der Bürokratismus legt die Träume
der Menschen zu den Akten.

Wo das Träumen unerwünscht ist,
macht sich Schlafmützigkeit breit.

Ich mag nicht das Paradies,
aber den Traum vom Paradies.

Man sollte sich gelegentlich einen
Kopf machen, wie man Speichelleckern
Beine machen könnte.

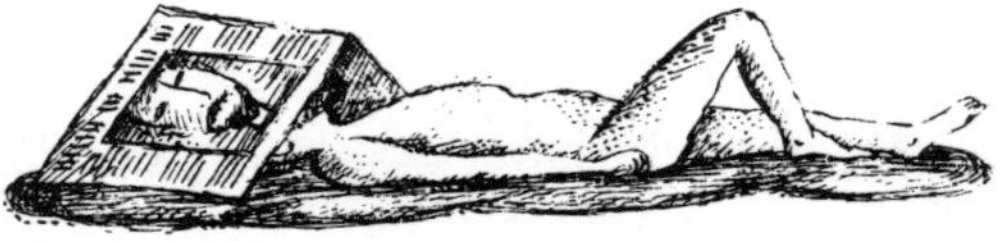

Schamhaft bedeckte er seine Blöße.
Er legte sich eine Zeitung über das
Gesicht.

Wer sich im Lichte seines Ruhmes
sonnt, wird blaß bleiben.

Richtschnur seines Handelns waren die
Marionettenfäden, an denen er hing.

Klopft der Jugend nicht auf die Finger,
nur auf den Zeigefinger.

Wer anderen Steine in den Weg legt,
baut ihnen noch lange keine Straße.

Diskussionen sind fruchtlos, wenn sie
nicht auch Diskussionen verursachen.

Große Ansprüche an das Leben vertragen
keine großen Aussprüche.

Der Weg am Abgrund entlang ist oft
der einzige um ihn herum.

Die Praxis sieht immer anders aus
als die Theorie der Praxis.

Goldene Kettchen sind meist festere
Fesseln als stählerne Ketten.

Mangel an Klugheit bei einem Leiter
wird nur durch Mangel
an Entscheidungsfreude kompensiert.

Keine Sache ist so groß, als daß sie
nicht der Kleinlichkeit zum Opfer fallen
könnte.

Im Papierkrieg gibt es keine Sieger.

Der gute Kern im Menschen
ist eine harte Nuß.

Dich drückt der Schuh?
Vielleicht ist es noch der Kinderschuh.

Die Dinge herrschen über den Menschen,
wenn er sich nicht beherrscht.

Er war Fegefeuer und Flamme.

Ich muß Beifall klatschen –
mir sind die Hände gebunden.

Einfach am Aufbau des Kommunismus
ist nur, ihn sich besonders schwer
zu machen.

Ihn füllte die eigene Gedanken- und
Gefühlsleere völlig aus.

Wir nehmen uns selbst sehr wichtig,
viel wichtiger aber noch unser
Spiegelbild, doch erst die Wider-
spiegelung unseres Spiegelbildes ...

Jenen, die mit dem Strom schwimmen,
sollte man das Wasser abgraben.

Wer offene Türen einrennt,
dem öffnen sich alle Türen.

Auch der Handel ist ein Schachspiel –
König Kunde wird matt gesetzt.

Wir haben schon soviel Zeit verloren, allmählich sollten wir wieder welche finden.

Der heutige Tag ist ein Ergebnis des gestrigen, unsere Vorstellung vom gestrigen Tag aber ein Ergebnis des heutigen.

Wenn man die Sprache vergewaltigt, wird sie nicht fruchtbar.

Nur wenige reagieren sauer, wenn man ihnen Honig ums Maul schmiert.

Was, wenn der gordische Knoten das Schwert hält, das ihn zerschlagen soll?

Auch am Zug der Zeit steht immer einer, der ruft: Zurückbleiben!

Er mußte immer das letzte Wort
behalten. Ach, wär es doch endlich
sein letztes.

Ehrlichkeit ist oft schmerzvoll,
am stärksten gegenüber unehrlichen
Schmerzen.

Das Wichtigste im Leben ist,
dafür zu sorgen, daß das Wichtigste
im Leben noch vor einem liegt.

Wenn man sich zu sehr in sich selbst
vertieft, bleibt man in sich versunken.

Manches zieht dem Spießer die Schuhe
aus, nichts jedoch die Pantoffeln.

Die Faust ist kein Argument, wo aber
ist das Argument gegen die Faust?

Das Glück der Erde kann nur grenzenlos
sein.

Dogmatiker sitzen fest in den Sätteln,
aber die Pferde sind ohne die Sättel
auf und davon.

Der Ariadnefaden,
dem wir in unserem Leben folgen,
fesselt uns.

Kein Volk wird seiner Regierung auf
Dauer mehr Vertrauen entgegenbringen,
als die Regierung ihm entgegenbringt.

My home is my castle.
Dort hat Burgfrieden zu herrschen.

Man krümmte ihm kein Haar,
lieber frisierte man seine Beurteilung.

Er hängte sogar den Mantel
des Schweigens in den Wind.

Kritik: andere Leute werden kritisiert.
Selbstkritik: andere Leute kritisieren sich.

Aufrichtigkeit richtet nur die
Aufrichtigen auf.

Prinzipienreiter kommen in jedem Sattel
zurecht.

Es gibt tatsächlich keine dummen Fragen,
außer der einen: »Gibt es noch Fragen?«

Wenn ein Spießer mit großen Ideen schwanger geht, darf man nicht guter Hoffnung sein.

Die Vielfalt von Wahrheit wird behauptet, um die Einfalt zu pflegen.

Um Entscheidungen treffen zu können, muß man nicht Himmel und Erde in Bewegung setzen, sondern nur sich selbst.

Er war disponibel.
Man konnte ihn leicht ersetzen.

Die Rolle der Kunst läßt sich nur
überschätzen, wenn man die Rolle
der Politik unterschätzt.

Den Künstler trennt vom Apologeten
nur, was den Stier vom Ochsen
unterscheidet.

Wenn man die Wahrheit verschweigt,
wird die Stille beredt.

Der Kleinmütige vermag keine Gipfel
zu stürmen und behauptet daher,
die Welt sei ein einziges Jammertal.

Sein Gedächtnis war ein Sieb – nur
die großen Phrasen blieben hängen.

Was du durch die Blume sagen mußt,
sag durch die Schwertlilie.

Aus Treibholz wird kein Zündholz.

Er sprach davon,
erst eine Position erreichen zu müssen,
um etwas ändern zu können.
Jetzt hat er sie,
bezieht aber keine mehr.

Manche Taktierer haben so viele Haare
auf den Zähnen, daß sie die Zähne
nicht mehr zeigen können.

Gerüchte sind die Vorboten
der Wahrheit und die Aasgeier der Lüge.

Ein Dichter muß sparsam mit dem Papier umgehen. Er muß auch zwischen den Zeilen schreiben.

Das Leben ist Dogmen gegenüber viel toleranter als jene dem Leben gegenüber.

Wer sein Leben lang kämpfen will, muß seine Kräfte gut einteilen. Aber ohne die Bereitschaft, sie zu verausgaben, wird er nie die Kraft für die entscheidenden Kämpfe gewinnen.

Nur über meine Leiche, sagte der Schwächling mit fester Stimme … und stellte sich tot.

Die meisten Hellseher leben davon, daß sie schwarzsehen.

Man verlieh seinem Werk
die Unsterblichkeit und nahm ihm
die Lebendigkeit.

Die Wahrheit verbreitet sich am
schnellsten, solange sie ein Gerücht ist.

Man muß eine Wahrheit zerstören, wenn
man sie zurechtbiegen will. Deshalb
gibt es auch die krummen Wahrheiten.

Sein Weg durch das Leben war gerade:
einspurig.

Starrsinn – Alternative zum Unsinn.

Die Ignoranten wollen einfach nicht sehen, wie blind sie sind.

Meinungsstreit scheint manchem nur denkbar, wenn man einander nicht zuhört.

Auch für die Götterlehren gilt: Der Teufel steckt im Detail.

Manch Ziel ist so groß, daß man es aus dem Auge verliert, wenn man ihm nahe ist.

Kleinmut macht auch Mist.

Wenn der Ruhm verblaßt,
erröten nur noch die Rühmenden.

Ohne Risikobereitschaft kann man nicht
sicher gehen.

Vertrauen ist ein Kredit,
der Wucherzinsen bringt.

Historiker: Sie versuchen,
das Vergangene vorauszusagen.

Das Buch der Geschichte wurde
zum guten Teil von Analphabeten
geschrieben.

Leere Redensarten geben sich immer
volltönend.

X Richtest du dich nur nach anderen,
dann wundere dich nicht,
wenn sie dich richten.

Das Denken konnte nicht ohne
die Sprache entstehen, jene existiert
jedoch oft ohne das Denken.

Manch einer lehnt Idole prinzipiell ab,
um durch diese Ablehnung selbst zum
Idol zu werden.

Manch Unentbehrlicher reißt Lücken
in die eigenen Reihen, um in sie springen
zu können.

Vorwärts! Aber zuerst rückversichern!

Mancher meint auf einer Barrikade zu
sein und ist doch nur auf der Palme.

Man muß den Blick schärfen
und nicht die Zunge wetzen.

Manches Handwerk hat einen doppelten
goldenen Boden.

Man soll den Held des Tages nicht vor
dem Abend loben.

Sektierer sind leider inkonsequent –
sie versuchen, aus dem Sektierertum
eine Massenbewegung zu machen.

Je mehr ein Bankier auf dem Gewissen hat, desto mehr hat er auf dem Konto.

Er liebte es, das Gras wachsen zu hören – über seinen Fehlern.

Der Mensch muß im Mittelpunkt stehen, wenn man zu Rande kommen will.

Die Frauen sind das Ah und Oh der Gesellschaft.

Der Ängstliche besinnt sich so lange, bis seine Besonnenheit keinen Sinn mehr besitzt.

In der Physik ist Trägheit gleich
Masse mal Beschleunigung, im Leben
Masse ohne Beschleunigung.

Mancher schont seine Ellenbogen nicht,
um einmal Ärmelschoner tragen zu
können.

Sie geben sich die Klinke
der Hintertür in die Hand.

Die Liebhaber von Gerüchten
haben ein offenes Ohr für Probleme,
vor denen sie die Augen verschließen.

Warum nur glaubt man, Weggefährten
am Gleichschritt erkennen zu können?

Mensch und Tier unterscheiden sich nur,
wenn man sie nicht dressiert.

Der Amtsschimmel wirft nur jene ab,
die nicht auf ihm sitzen.

Manchmal hängt man am Leben
wie an einem Strick.

Lügen haben kurze Beine.
Ja, am liebsten kriechen sie.

Bei manchem Handwerker
fällt der Groschen erst,
wenn man mit zehn Mark nachhilft.

Ideen sind wie Schmetterlinge –
sie sterben in Gefangenschaft.

Karrieristen hauen auf die Pauke,
weil sie die erste Geige spielen wollen.

In seinen Reden spiegelte sich nur
eins wider: sein eigenes Spiegelbild.

Geradlinigkeit ist wohl selten der
kürzeste Weg zwischen zwei Menschen.

Diskussionsaufforderung:
Auf die Allgemeinplätze – fertig – los!

Auf ein Zeichen warten?
Es ist da – das Fragezeichen.

Ein Drehsessel vor dem Schreibtisch
ist nicht genug Beweglichkeit
für einen Funktionär.

Das Licht der Öffentlichkeit blendet.

Die Macht des Wortes
verschwindet in mächtigen Worten.

Reg dich nicht auf, wenn jemand sich partout nicht aus dem Konzept bringen läßt. Er hat keins.

Der berufliche Erfolg liegt auf der Straße. Man muß sich nur bücken.

Der gesunde Menschenverstand hat für manchen Philosophen etwas Kränkendes.

Gleichgültiges ist niemals gültig.

Hätte es schon das Playback gegeben,
stünden die Mauern von Jericho noch
heute.

Die Dogmatiker behaupten,
auf der Linie zu sein, und befinden
sich doch nur auf dem Strich.

Seine Kaderakte ist blütenrein.
Sie ist eine Blüte.

Gelegentlich möchte ich resignieren –
es gibt so viel Resignation.

Färbte man sie nicht immer wieder schön,
es gäbe längst keine Schönfärberei mehr.

Pedanten schaffen keine Ordnung,
sondern allenfalls eine pedantische
Unordnung.

Man lebt nur einmal,
aber das muß man erleben.

Mancher vergißt sich,
nur um sich in Erinnerung zu bringen.

Reiß einem Heuchler die Maske
vom Gesicht, und er wird es verlieren.

Mancher rotiert,
nur damit sich alles um ihn dreht.

Es ist noch kein Meister vom Himmel
gefallen, der nicht auch schon
aus allen Wolken gefallen wäre.

Was mit der Zeit anfangen? Anfangen!

Die Mode ändert sich oft, aber auf
das Feigenblatt verzichtet sie nie.

Lange bevor sie zu Ende ist, hat eine Epoche bereits ihren Geist aufgegeben.

Ich möchte keine Zeit haben,
in der ich keine Zeit habe.

Auf den ersten Blick
schenkt man blindes Vertrauen.

Die Musen sollten auch Papierkörbe verteilen.

Keine Entwicklung ohne Widerspruch und ohne daß Widerspruch erhoben wird.

Je mehr Widersprüche,
um so mehr Sprüche.

Nostalgie:
Gier nach Altem statt Neugier.

In der Auseinandersetzung
mit dem Dogmatismus entstehen
die starrsten Dogmen.

Unter einem Happy-End kann ich mir
nur einen Anfang vorstellen.

Jeder ist eingesperrt.
Wir sitzen lebenslänglich in unseren
grauen Zellen.

Manchmal drückt die Sprechblase
eines Redners derart, daß man austreten
möchte.

Ich wasche meine Hände in Unschuld
schuldig.

Niemals denkt man mehr an sich,
als wenn man sich vergißt.

Wir werden immer erst Teufel, wenn
wir uns die Hörner abgestoßen haben.

Manchmal steht man
vor einer Alternative, dann wieder
vor einem anderen Abgrund.

Mit vollem Mund spricht man nicht?
Warum nehmen dann viele den Mund
so voll, wenn sie sprechen?

Wie oft nimmt man sich vor,
ein anderer Mensch zu werden,
wie selten, ein Mensch zu werden.

Die Zeit vergeht so schnell. Da möchte ich ihr nicht auch noch voraus sein.

Wenn Erfolg zu Kopfe steigt, macht er kopflos.

Wir schlagen sieben Probleme mit einer Scheuklappe.

Sei auf der Hut, daß dir nicht der Feind mit einem Lob in den Rücken fällt.

Älter geworden, ändern wir lieber unser Weltbild als die Welt.

Mit der richtigen Parole passiert
man nicht nur eine Wache,
sondern das ganze Leben.

Geh nicht mit der Zeit –
die Zeit vergeht.

Unter den Blinden genießt der
Einäugige blindes Vertrauen.

Grau ist jede schöngefärbte Theorie.

An heißen Eisen verbrennen sich nur
jene nicht, die alles kaltläßt.

Zweifle an der Verzweiflung,
aber verzweifle nicht am Zweifel.

Scheiterhaufen bringen kein Licht
ins Dunkel.

Wer sich auf die Geschichte beruft, sollte bedenken, daß Adam und Eva das Blatt nicht vor den Mund nahmen.

Aber natürlich werden auch heutzutage noch Menschen verwandelt. Man stelle sie nur hinter ein Rednerpult.

Am liebsten hörte ein Chef nur auf seine schweigenden Mitarbeiter.

Leere Mägen haben mehr in der Geschichte bewirkt als volle Köpfe.

Alles entwickelt sich.
Am schnellsten Stagnation.

Don Quichotte kämpfte heute gegen
Papiermühlen.

Ich möchte dem Zahn der Zeit
die Zähne zeigen.

Das Brett vor dem Kopf
ist gelegentlich auch nur eine Maske.

Zu sich selbst finden wird nur einer,
der immer auf der Suche ist.

Verkalkung ist die Kinderkrankheit
jeder neuen Idee.

Hochmut kommt vor dem Fall
und nach dem Beifall.

Er hängte seine Fahne in den Wind,
den er um sich machte.

Die Biertischstrategen
verändern nicht die Weltgeschichte.
Doch die Weltgeschichte hat die
Biertischstrategen auch nicht verändert.

Zu jeder Fremdsprachenausbildung
gehört das verstehende Hören.
Ach, gehörte es doch auch zum Erlernen
der Muttersprache.

Er kämpfte für eine lichte Vergangenheit.

Aus jeder Antwort ergeben sich Fragen,
aber wer fragt schon nach ihnen.

Wer nur durch die rosarote Brille
schaut, wird blind.

Wissensdurst läßt sich nicht stillen.
Er nimmt mit dem Wissen zu.

Das Jungsein ist ein Vorschuß.
Nur wenn man ihn verbraucht,
wird man ihn zurückzahlen können.

Wer hoch steigt, muß nicht gefallen.

Auf der Jagd nach Geld bleiben
minderbemittelte Menschen zurück.

Eine heimliche Wahrheit
zeugt unheimliche Wahrheiten.

Reden ist Silber, Schweigen ist dann
Gold, wenn man Blech redet.

Man sollte nicht den Philistern
auf den Leim gehen müssen, um zu
einem festen Standpunkt zu kommen.

Das Kleinbürgertum schwankt schneller
als seine Umwelt – daher befindet es
sich gelegentlich mit ihr
in Übereinstimmung.

Die Wissenschaft ist immer Diener,
aber sie darf nicht dienern.

Geschichte:
geschossene Böcke, gezüchtete
Sündenböcke.

Wo Phrasen gedroschen werden,
wird das Brot knapp.

Wer über den Dingen schwebt,
wird erleben, daß sich die Dinge
über ihn erheben.

Kunst verändert nicht die Welt,
doch fehlte sie – wie wäre die Welt
verändert!

Wenn sich ein Esel mit Pegasus einläßt,
wird nicht ein Dichter,
sondern ein Maulesel gezeugt.

Pegasus ist kein Zugpferd.

Er war noch gegenüber der Intoleranz
tolerant.

Der Feind hört mit – aber die
Freunde …?

Am meisten leidet die Arroganz
unter unerwiderter Eigenliebe.

Immer wieder neue Richtungen.
Man geht im Kreise.

Wir ziehen uns in uns selbst zurück.
Weiter zurück geht es nicht.

Freiheit kann an Keimfreiheit erkranken.

Der Dogmatiker zeigt sein Profil
beim Glätten von Widersprüchen.

Der Stein der Weisen steckt in jeder
Straße.

Nur Risikobereitschaft vermag
das Risiko zu begrenzen.

Zum Ketzer kann nur einer werden,
der an sich selbst glaubt.

Nicht die Ketzer verrieten eine heilige
Sache.

Man predigt Wasser, statt reinen Wein
einzuschenken.

Was lange gärt, wird Wut.

Aphorismen haben eine doppelzüngige,
keine doppelbödige Moral.

Mehret die Anfänge!

Am Anfang war das letzte Wort

Wer für den Spott sorgt, wird den Schaden haben

Mein größter Wunsch:
eine zündende Idee für Strohköpfe.

Resignation –
auch eine Form des Selbstmords –
man ist mundtot.

Man ist nicht Kommunist,
um voranzukommen, sondern
um voranzugehen.

Keine Angst,
ich werfe meine Wahrheiten nicht
jedem an den Kopf.
Man muß schon einen haben.

Die Geschichte mag
der überzeugendste Lehrmeister sein,
doch sie hat
die unbegabtesten Schüler.

Er sprang über seinen
eigenen Schatten.
Mit einem Seitensprung.

Die Karrieristen sind unbesiegbar.
Sie wechseln rechtzeitig
die Front.

Wenn es um seine Dogmen ging,
war er gottesfürchtig
auf Teufel komm raus.

Sie passen sich an
und passen sich an, und plötzlich
ist ihnen die Zeit zu groß.

Die Kampagne ist tot.
Es lebe die Kampagne!

Auch Zeitungen gehören
zur schweigenden Mehrheit.

Das Leben ist anders
als eine Baustelle:
Kinder haften für ihre Eltern.

Weist man Kinder in die Grenzen,
werden sie beschränkt.

Wer
als schön bezeichnet werden will,
muß leiten.

Manchmal glaubt man,
am Ziel zu sein,
und ist doch nur am Ende.

1
2
3

Es sollte auch im Sozialismus
einen antagonistischen
Widerspruch geben:
den zwischen Arbeiterklasse
und Schildbürgertum.

Karrieristen klettern beständig
aufwärts. Von Fall zu Fall.

Ehrlichkeit währt am längsten.
Ja, sie ist sehr langsam.

Ich bin wahrlich umwerfend:
Vor mir stehen neue Aufgaben,
hinter mir liegen die alten.

Er redete wie ein Buch
mit sieben Siegeln.

Man muß der Zeit die Stirn bieten,
sonst kostet es den Kopf.

Die Chinesen haben das Papier
erfunden!
Aber warum so viel?

Nach mancher Selbstkritik
ist man versucht zu schreiben:
Er verübte Selbstkritik.

Seine Schlußfolgerungen waren
messerscharf – selbstmörderisch.

Man wird demnächst keine offenen
Türen mehr einrennen können.
Der Andrang ist zu groß.

Er rotierte. Ja, er ging im Kreise.

Tollwut wird auch
durch Gewissensbisse übertragen.

Es war einmal ein Redner,
der nahm kein Blatt vor den Mund.

Marionetten enden an den Stricken,
an denen sie hängen.

X Es vollzieht sich nichts
im Selbstlauf.
Man muß schon selbst laufen.

Es ist beschwerlich,
linientreu zu sein
in einem Labyrinth.

Wir legen ständig einen Zahn zu.
Mancher kann schon gar nicht
mehr zubeißen.

Er vertiefte seine Erkenntnisse
immer mehr.
Er begrub sie.

Er nahm das Risiko auf sich,
stehenzubleiben,
nur um sicherzugehen.

Goldene Worte sind immer billiger
zu haben.

Die Luftverschmutzung ...
Ja, ja, es gibt von Tag zu Tag
mehr geflügelte Worte.

Man stolpert allzu schnell
über den Stein,
der vom Herzen gefallen ist.

Wie stark sich doch manch einer
für seine Schwächen macht!

Totgeschwiegene Ideen sterben.

Die Praxis ist das Kriterium
der Wahrheit.
Die Wahrheit
ist das Kriterium der Praxis.

Erst wenn man tot ist,
ist man unersetzbar.

Schlechte Leitartikel
muß man zwischen den Zeilen lesen.
Dort steht, was zu sagen war:
nichts.

Das Zitat
ist der Sarg des Gedankens.

Satiriker werden manchmal
von ihrem eigenen
falschen Zungenschlag erschlagen.

Die Vergangenheit
hat auch eine Zukunft.
O ja, und nicht nur eine.

Woher ich meinen Optimismus
nehme?
Ach, den gibt es reichlich.
Es haben ihn ja so viele abgelegt.

Es kann niemand
so viele Dummheiten von sich geben,
wie seine Epigonen
in seinem Namen verbreiten
werden.

Vor mehr als hunderttausend Jahren
lernte der Mensch, aufrecht zu gehen.
Wann wird er lernen, aufrecht zu bleiben?

Eine trübe Aussicht:
Mir ist alles klar.

Ist man seinem Chef
erst in den Hintern gekrochen,
braucht man
keine gute Nase mehr.

Ein Königreich
für ein trojanisches Pferd!

Gedanken lassen sich
nicht einsperren –
außer in Ressorts.

Bei Lichte besehen
gibt es gar keine Dunkelheit.

Den Erfolg des Atheismus behindert:
Er hat zu viele Priester.

Die Eiferer –
sie enthüllen auch noch
die nackte Wahrheit.

Dem Kleinbürger bedeutet
das Brett vor dem Kopf die Welt.

Auch Schlagzeilen sind Waffen:
Blindgänger.

Der Widerspruch ist die Quelle
der Entwicklung.
Doch
wenn du dich entwickeln willst,
widersprich lieber nicht.

Wo man keinen Spaß versteht,
kann man nicht Ernst machen.

Als ich den Tatsachen ins Auge sah,
drückten sie eins zu.

Aphorismen geraten
in die falschen Hände,
wenn sie in leere Köpfe geraten.

Die Menschen
stammen von den Affen ab –
womöglich von den siamesischen.

Unter den Einäugigen,
die ein Auge zudrücken,
wird selbst der Blinde König.

Seine Träume wuchsen in den Himmel,
kein Wunder,
daß er aus allen Wolken fiel.

Als die Menschen
Hörer und Zuschauer wurden,
verlernten sie
zuzuhören und zu sehen.

In die Fußtapfen wahrer Vorbilder
kann man nur treten,
indem man sie verläßt.

Der König ist tot.
Es lebe der tote König!

Unserem Zeitalter drückt
die Bürokratie den Stempel auf.

Wenn Duckmäuser
Farbe bekennen sollen,
werden sie blaß.

Über Tote soll man nur Gutes reden.
Über ihn: Er ist tot.

Mit den Jahren läßt sich
kaum noch unterscheiden,
ob man im Rahmen
oder beschränkt bleibt.

Mir bleiben nur jene Antworten,
die ich in Frage stelle.

Und der Fortschritt?
Vielleicht ist er fortgeschritten?

Alles, was wir tun,
hat Hand und Pferdefuß.

Der Teufel stecke im Detail?
Ach, er steckt auch
in so manchem Großen Ganzen.

Ich möchte keinen Strohkopf
an meiner Seite wissen,
wenn es brenzlich wird.

Die Zeit wird nicht stehenbleiben,
nur weil einer
einen festen Standpunkt hat.

Ohne Entrüstung
gibt es keine Abrüstung.

Die Menschheit schreitet
so schnell voran,
daß der Mensch fürchten muß
zurückzubleiben.

Die Gedanken sind frei.
Ja, wer greift schon nach ihnen.

Die Wahrheitsliebe scheint
vorwiegend platonisch zu bleiben.

Die Verehrung der Götter
ist eine Heidenarbeit.

Den Mühen der Ebenen
folgen die Mühen der Höhepunkte.

Es vermag niemand so hoch
zu steigen,
wie er fallen kann.

Sage niemand, er wäre jemals
zum Renegaten geworden.
Er hielt unverdrossen der Mehrheit
die Treue.

Um unseren Problemen
gewachsen zu sein, müssen wir nicht
über uns hinauswachsen.
Es genügt, aufrecht zu sein.

Ein Schwätzer kann nur schweigen,
wenn er was sagen soll.

Wer sich für dumm verkaufen läßt,
muß den Preis selbst bezahlen.

Wem Ordnung das halbe Leben ist,
dem bleibt für die andere Hälfte
nur Unterordnung.

Wir dringen manchmal
so tief in die Probleme ein,
daß wir nicht mehr
aus ihnen herausfinden.

Er nahm das Blatt vor den Mund,
um seine Blöße zu bedecken.

Die meisten Menschen riskieren
lieber Kopf als Kragen.

Marionetten hängen
am eigenen Geduldsfaden.

Die Zukunft scheint immer ferner
in der Zukunft zu liegen.

Jesus machte Blinde sehen.
Kleinigkeit.
Mit Betriebsblinden
wäre es ihm nicht gelungen.

Der Fortschritt schreitet voran.
Wir hinterher.

Die siamesischen Affen sind
nur noch zu zweit.
Wer Augen und Ohren
verschlossen hält,
hat längst aufgehört,
auch den Mund zu halten.

Man lügt sich so lange
in die eigene Tasche,
bis man mit leeren Taschen dasteht.

Er hatte sich lebendigen Leibes
begraben.
Er hatte den Kopf
in den Sand gesteckt.

Wir haben keine Zeit,
wir lassen uns zuviel.

Erst als ich den Tatsachen
ins Auge blickte,
stellte ich fest,
daß ich blind war.

Es gibt keine Überheblichkeit,
die nicht erniedrigt.

Dogmatiker
sind erst zufriedengestellt,
wenn auf dem Brett vor ihrem Kopf
eine Losung steht.

RETTET
DEN WALD

Man läuft Gefahr,
das Glück zu skalpieren,
wenn man es beim Schopfe faßt.

Die Karrieristen tun alles,
um voranzukommen,
und daher alles,
nicht voraus zu sein.

Sie stecken den Kopf in den Sand
und glauben an blinden Alarm.

Ehrlichkeit kann man sich nicht
für später aufheben,
ohne sie aufzuheben.

Die Beschränkten ...
Das ist ein weites Feld.

Wenn man die Hände in den Schoß
legt,
wird er nicht fruchtbar.

Er rotierte,
bis sein Kreislauf zusammenbrach.

Man lebt neuerdings aus
second hand in den Mund.

Kunst ist Waffe.
Wenn sie stumpf ist, aber nur
für den Selbstmord der Kunst.

Wenn einer was zu sagen haben will,
dann hört er nicht selten auf,
etwas zu sagen.

Man muß das Eisen schmieden,
solange es einen nicht kaltläßt.

Wahrheitsliebe
bleibt oft unerwidert.

Die deutsche Sprache
ist so tief gesunken,
daß man an der Oberfläche
bleiben muß,
um auf ihrer Höhe zu sein.

Ein Geistesblitz
kann jeden erschlagen,
nur einen Geistlosen nicht.

Alles, was die Menschen tun,
muß durch ihren Kopf (F. Engels).
In ein Ohr rein,
aus dem anderen raus.

Das Sein bestimmt auch
das Verantwortungsbewußtsein.

Ich fürchte, man wird auch
auf dem Müllhaufen der Geschichte
nach Sekundärrohstoffen suchen.

Monolog plus Monolog –
das ist der Dialog
des zwanzigsten Jahrhunderts.

Warum denn pessimistisch sein?
Man kann heutzutage
doch auch als Optimist verzweifeln.

Selbstmord ist nur eine harmlose
Variante des Selbstbetrugs.

Tote müssen oft
die steilsten Karrieren machen.

Wer Denkanstöße gibt, stößt an.

Der Mensch macht
den gleichen Fehler möglichst
nur einmal,
die Menschheit oftmals.

Er hatte keine Bildung,
nur Weiterbildung.

Mir ging ein Licht auf.
Nun blendet es mich.

Im Buch der Geschichte stehen
die meisten Menschen
auf einer schwarzen Liste.

Die Beziehungen zwischen
den Menschen beruhen häufig
auf Irrtümern;
gute auf existierenden,
schlechte auf erkannten.

Man flüchtet so lange
vor sich selbst,
bis man tatsächlich
jeden Grund dazu hätte.

Die Dogmatiker machen die Dialektik
zur Hure.
Aber sie zahlen nicht.

Es ist weniger unmöglich im Leben,
als wir glauben.
Das meiste
machen wir erst unmöglich.

Er blieb machtlos.
Er beherrschte sich.

Auch historische Parallelen
begegnen sich erst
in der Unendlichkeit.

Man zieht sich
in die eigenen vier Wände zurück –
in das einzige
ausbruchsichere Gefängnis.

Eines Tages,
wenn wir die Wahrheit erkennen,
werden wir uns von ihr
betrogen fühlen.

Er war so von sich eingenommen,
daß er nicht mehr
aus sich herausgehen konnte.

Mit Anarchisten
ist kein Staat zu machen.

Der Weg von der Lüge zur Wahrheit
ist beschwerlich und weit,
der von der Wahrheit zur Lüge
nur ein Seitensprung.

Burgfrieden ist
die gräßlichste Form
des Hausfriedensbruchs.

Sein Stil war hölzern.
Pegasus war lediglich
sein Steckenpferd.

Ist es nicht bezeichnend,
daß die Begegnung mit der Realität
heutzutage als Konfrontation
mit ihr bezeichnet wird?

Gibt es einen anderen Weg,
einem Schwätzer das Wort,
als ihm den Kopf abzuschneiden?

Wer heute noch
ein gutes Gewissen hat,
hat gewiß ein schlechtes.

Der schlechte Aphoristiker
geht dem Leser um den Bart,
statt ihn vor den Kopf zu stoßen.

Die Narrenfreiheit
ist die höchste Form der Einsicht
in die Notwendigkeit.

Die unangenehmsten Probleme,
mit denen wir uns zu beschäftigen
pflegen, sind die gelösten.

Selbstbeherrschung zeugt
unter Umständen
von mangelnder Souveränität.

Er folgte dem roten Faden
blindlings.
Ins Labyrinth.

Widerspruchsgeist –
das ist Tautologie.
Es gibt keinen Geist
ohne Widersprechen.

Er hatte das Schießpulver
nicht erfunden.
Dazu war er zu klug.

Der Papierkrieg ist die Fortsetzung
der Politik mit ihren
eigenen Mitteln.

Opportunisten
beziehen Positionen wie Betten.

Neues zu denken erfordert nicht Mut,
sondern überwundene Angst.

Ich möchte auch die Spießer
vor den Kopf stoßen,
aber ich stoße ins Leere.

Früher träumten wir davon,
Gipfel zu stürmen,
heute begnügen wir uns
mit Höhepunkten.

Niemand wird mir
meine Zuversicht nehmen.
Es will sie niemand haben.

Wenn man den Spießern
das Feld überläßt, riskiert man,
daß es zum Schlachtfeld wird.

Es sind doch stets
die Großkotzigen,
die zuerst klein beigeben.

Was für eine Zeit,
in der man sich zusammennimmt,
statt sich zu verausgaben.

Der Glaube an die Vernunft
scheint gelegentlich
auch nur eine Religion zu sein.

Nachdem ihn seine Freunde
mundtot gemacht hatten,
begannen seine Feinde,
ihm nach dem Munde zu reden.

Ich kann den Kopf nur oben behalten,
solange ich ihn hinhalte.

Warum lebt man?
Vielleicht,
um irgendwann erfahren zu haben,
wie man hätte leben müssen.

Auch die wissenschaftlich-
technische Revolution
hat ihre Revoluzzer.

Die Satire hat es heute
mitunter schwer:
Manches, was satirisch gemeint war,
erscheint uns nur naturalistisch.

Wie närrisch:
den Wolf im Schafspelz zu fürchten
und nicht das Schaf im Wolfsfell.

Es ist schwer,
das Bürgertum zu stürzen,
ohne das Spießbürgertum zu erheben.

Warum Wort halten,
wenn man eine ganze Rede
halten kann?

Das Erfolgsgeheimnis der Kriecher
ist offensichtlich:
Sie kommen voran,
indem sie zurückweichen.

Wer sich nichts herausnimmt,
kann auch nichts geben.

Ich denke, also bin ich.
Ach, wenn doch auch
die Umkehrung gälte.

Wir tun alles,
damit es uns gut geht,
statt gut zu sein.

Eines Tages wird einer
den Stein der Weisen finden,
aber man wird ihn wohl
damit steinigen.

Er stimmte seinem Chef
aus vollem Munde zu.

Mag sein, daß Männer die Menschheit
besser verstehen können,
Frauen
verstehen den Menschen besser.

Der Rückzug
in die eigenen vier Wände ist nur
eine andere Form der Ausreise.

Niemand muß heute einen
Prometheus an den Felsen schmieden.
Wir haben doch Sitzungsstühle.

Wir haben die Fäuste
in den Taschen.
Klar, daß wir
mit leeren Taschen dastehen.

Der Mensch ist gut.
Na und?
Ist er aber besser geworden?

Mancher legt nur den Hut ab
und ist schon einen Kopf kürzer.

Es ist ein blinder Glaube,
daß Tatsachen die Augen öffnen.

Bald wird man nur noch eins
für einen Fehler halten:
ihn zu bekennen.

Für manche Statistiker
scheinen nackte Tatsachen
eine Form der Pornografie zu sein.

Manchmal sucht man den Menschen
und findet nur
die schlechte Imitation
seines Denkmals.

Was die Dogmatiker
für ihren Horizont halten,
sind ihre Scheuklappen.

Lieber verbrenne ich mir den Mund,
als anderen
Honig ums Maul zu schmieren.

Ich möchte wissen,
wie einer in der heutigen Umwelt
ein reines Gewissen haben kann.

Abrüstung ist eine viel zu
komplizierte Frage,
als daß man sie
den Fachleuten überlassen dürfte.

Das Sein bestimmt das Bewußtsein,
aber das Bewußtsein
bestimmt das Werden.

Er machte den Mund nicht mehr auf.
Ja, er versagte.

Vielleicht hätte die Menschheit
längst zur Vernunft gefunden,
glaubte sie nicht,
bereits vernünftig zu sein.

Sie glaubte
ihr Herz am rechten Fleck,
aber sie trug es auf der Zunge.

Man lobt die Intelligenz
mancher Tiere,
dabei sind sie im Gegenteil
nur menschenähnlich.

Die Sache mit dem Apfel
war doch auch nur eine Jugendsünde
Evas und Adams

Die Ehe ist die satirische Form
der Liebe.

Ich fürchte,
wahre Bescheidenheit
kennt auch keine Grenzen.

Der Aphoristiker ist auf der Höhe,
wenn er die Dinge
auf die Spitze treibt.

Veraltet an Marx
sind nur die jüngsten Argumente
gegen ihn.

»Alt wie ein Baum
möchte ich werden ...«
Um Gottes willen,
so jung willst du sterben?

Er gab sich keine Blöße –
er trug eine Maske.

Seit er voller Schwefel ist,
wachsen uns die Bäume tatsächlich
nicht in den Himmel.

Es ist überaus schwierig,
Spießer zu entlarven.
Nur ein Kriterium ist unfehlbar:
Es sind immer die anderen.

Wie bescheiden man geworden ist:
Statt eine eigene Meinung zu haben,
teilt man lieber eine.

Es war keine Kunst für Kassandra,
schwarzzusehen
unter Leuten, die schönfärbten.

Eine erdrückende Mehrheit
läuft leicht Gefahr,
sich selbst zu erdrücken.

Es wird zu spät sein,
das Gras wachsen zu hören,
wenn es über Gräbern wächst.

Vielleicht sind auch Männer
zu wirklicher Ehrlichkeit fähig,
aber welche Frau
hat schon soviel Zeit.

Bei manchen Menschen
ist ihre Geburt
die einzige Jugendsünde.

Wenn man nur wiederkäut,
darf man sich nicht wundern,
wenn man ein Rindvieh bleibt.

Wir ziehen alle an einem Strang.
Aber vielleicht steckt
am anderen Ende, in einer Schlinge,
unser Kopf?

Die Freiheit der Dummheit
ist die Dummheit der Freiheit.

Das Bürgertum haben wir verjagt,
das Schildbürgertum
haben wir dabei jedoch vergessen.

Aus den Lammfrommen
werden die großen Schafe.

So sehr kann uns niemand betrügen
wie wir uns selbst.

Die Macht der Gewohnheit
untergräbt jede Macht.

Es fiel ihm leicht,
sein Gesicht zu wahren.
Er hatte zwei.

Niemand wird so schnell
zum unversöhnlichen Feind
wie ein unkritischer Freund.

Was bleibt einem Angler
denn heutzutage übrig,
als im Trüben zu fischen?

Man sollte den eigenen Kopf
nicht schonen,
wenn man ihn behalten will.

Wie schnell glaubt man,
auf der Höhe zu sein,
und ist dann doch nur
auf einem Höhepunkt.

Gegen die kritische Masse
der Atombombe
braucht es kritische
Massen.

Es gibt keine schlimmere
Erniedrigung als Unaufrichtigkeit.

Man sollte frei
von der Leber weg reden,
bevor einem die Galle überläuft.

Man kann nur auf der Höhe sein,
wenn man in die Tiefe geht.

Wer soviel Lärm um sich macht,
sollte kein Gehör mehr finden.

Schreibtischtäter:
Sie legen Menschen zu den Akten.

Wenn Kriecher den Kopf
oben behalten können,
darf der Aufrechte
ihn nicht hängenlassen.

Vielleicht formte Gott
den Menschen nach seinem Feindbild?

Der Schriftsteller kann
der Sprache der Macht
die Macht der Sprache
entgegenstellen.

Wo kein Wille ist,
bleibt nur der Kriegspfad.

Nur die Unzufriedenen
sind in der Lage,
Gründe für Zufriedenheit
zu schaffen.

Es zeichnet die wahrhaft neuen
Vorschläge aus,
daß sie zuerst zurückschlagen.

Pragmatismus:
Aus dem Funken schlägt
die Sparflamme.

Wenn man seine Moral verdoppelt,
negiert man sie.

Das menschliche Wissen
verdoppelt sich alle sieben Jahre.
Doch wie töricht zu glauben,
daß sich die Unwissenheit
gleichermaßen verringert.

Was nützen mir Freunde,
die ihren Kopf
kopflos für mich hinhalten?

Steine im Weg sind oftmals
ein geringeres Hindernis
als Wegweiser.

Bürokraten:
Statt mit den Menschen
reden sie zu ihnen.

Anpassungsfähigkeit
erstickt Fähigkeiten.

Ein Aphorismus kann nur gut sein,
wenn er einen guten Leser
gefunden hat.

Impotenz zeugt
unerschütterliche Überzeugungen.

Bei einer Gratwanderung
kann man den besten Freund
nicht an der Seite gebrauchen.

Gestern hatte ich
ein ernstes Problem:
Ich sah keine Probleme mehr.

Es zeugt von Weisheit,
Narrenfreiheit zu genießen.

NACH-LESE

Der Aphorismus ist wie geschaffen für unsere Zeit, er ist kurz, amüsant, geistreich, anregend. Man liest ihn schnell zwischendurch, in der U-Bahn, im Wartezimmer, auf langweiligen Sitzungen. Es kann passieren, daß ein Aphorismenleser durch helles Lachen, ablehnendes Raunzen oder durch grübelndes Dreinblicken Aufsehen erregt, dann zieht er sich am besten aus der Affäre, indem er laut zitiert. Durch die damit ausgelöste Diskussion über Weisheit oder Bosheit, Sinn oder Unsinn des Gehörten – Hintersinn kann nicht in Zweifel gezogen werden – entsteht Bewegung. André Brie meint: »Wenn Bewegung in die Zeit kommt, verliert der Spießer seinen Standpunkt.« Diese Erscheinung gilt es zu registrieren. Bewegung bedeutet dem Autor viel. Aus dem Bewegtsein, sagt er, sind diese Texte entstanden, einem Gefühl der Verantwortung für Gesellschaft und Zeit. Und etwas in Bewegung bringen ist sein Anliegen, Bewegung in alte Denkgewohnheiten, erstarrte Verhaltensnormen, überholte Hierarchievorstellungen oder – in langweilige Sitzungen. Mit verbissenen Zeitungsartikeln ist das schwer erreichbar. Er vertraut da seinem Karl Kraus, der sagt: »Einer, der Aphorismen schreiben kann, sollte sich nicht in Aufsätzen zersplittern.« Er nutzt die kurze, lesefreundliche Form, um durch heitere Verblüffung zum Nachdenken zu führen. Er nimmt das Wort beim Wort, spielt mit Sprache und Gedanken, bringt respektlos feststehende Redensarten und Sprichwörter ins Wanken und gelangt so zu doppelbödigen Aussagen, die sich weise geben und anfechtbar sind. Der von André Brie gern zitierte Karl Kraus behauptet: »Ein Aphorismus braucht nicht wahr zu sein, aber er soll die Wahrheit überflügeln. Er *muß mit einem Satz* über sie hinauskommen.« Und weiter: »Ein Buch kann darüber täuschen, ob es die Weltanschauung des Autors bietet oder eine, die er bloß vertritt. *Ein Satz* ist die Probe, ob man eine hat.«

Brie ist Marxist – Gott sei Dank!

Ingetraud Skirecki

ANDRÉ BRIE

geboren 1950 in Schwerin. Studium an der Akademie für Staats- und Rechtswissenschaft in Potsdam-Babelsberg. Zur Zeit dort wissenschaftlicher Mitarbeiter am Institut für internationale Beziehungen.

Bisherige Veröffentlichungen:

»Der Weisheit letzter Schuß«, Aphorismenanthologie (Mitautor), Eulenspiegel Verlag, Berlin 1980.

»Peter Piano«, Kinderbuchverlag, Berlin 1981

»Wann soll man Bäume pflanzen?«, Kinderbuchverlag, Berlin 1984/87

»Militärisches Gleichgewicht, Entspannung, Abrüstung«, Staatsverlag der DDR, Berlin 1986

»Friedenspolitik im nuklear-kosmischen Zeitalter« (Mitautor), Staatsverlag der DDR, Berlin 1986